AF261970

ÉLOGE

DE

M. J^{es}.-J^{ph}. AUPETIT-DURAND,

JUGE AU TRIBUNAL CIVIL DE CLERMONT-FERRAND,

Par M. Besse (de Beauregard),

PROCUREUR DU ROI AU MÊME TRIBUNAL,

Prononcé à l'audience du 20 juillet 1836, et imprimé par décision du Tribunal.

Clermont-Ferrand,

IMPRIMERIE DE J. VAISSIÈRE ET PEROL,

RUE BARBANÇON, N° 2, PRÈS LA CATHÉDRALE.

JUILLET 1836.

ÉLOGE

DE

M. J^ES^.-J^PH^. AUPETIT-DURAND,

JUGE AU TRIBUNAL CIVIL DE CLERMONT-FERRAND.

Nous avons plusieurs fois déploré devant vous les vicissitudes qui renouvellent si rapidement le personnel de nos compagnies ; de nouveaux événemens, en amenant de nouveaux regrets, sont venus confirmer nos tristes réflexions et les rendre plus tristes encore.

La mort a frappé un de nos collègues dans la force de son âge ; un autre est appelé à le remplacer. Dans le monde de la nature comme dans le monde social, il faut donc passer sa vie à dire adieu à ceux qui s'en vont et à saluer ceux qui arrivent !

Le stoïcien et le cénobite pourraient voir cette fantasmagorie d'un œil indifférent ; chez nous, messieurs, elle doit éveiller plus de sensibilité et de regret. Notre compagnie, plus heureuse que quelques autres, eut au moins cet avantage de n'être point agitée par des dissensions intestines ; ses membres sont unis dans un même sentiment de confraternité et de bien public ; mais cet heureux état de choses, en nous rendant la vie commune plus douce, nous rend aussi plus douloureuse les pertes que nous faisons.

Vous avez tous senti combien a été poignante la dernière que nous avons faite, et celui (*) qui est appelé à réparer est homme à nous comprendre. Lui dont le bon jugement et l'aménité lui créèrent partout des rapports d'estime et de confiance, lui qui voit nos rangs s'ouvrir avec empressement pour le recevoir, par cela surtout qu'il laisse de vifs regrets dans ceux qu'il a quittés, il entrera dans nos sympathies et applaudira au tribut que nous venons payer à la mémoire de son prédécesseur. Ce tribut est d'ailleurs un besoin pour nous ; c'est aussi une dette contractée envers le tribunal qui s'attend à ce que, dans cette occasion, nous lui rappelions le haut mérite et les qualités aimables d'un collègue qui lui fut cher.

L'éloge sera simple comme celui qui en est l'objet, car ici les faits ne viennent point en aide au panégyriste. Nous n'avons point à vous retracer une vie agitée et semée d'événemens, mais au contraire la vie la plus retirée, la plus monotone qui fut jamais, et qui, en cela, se conformant au précepte du sage, chercha à se cacher aux regards du monde. Toutefois, il faut croire qu'il n'était pas un homme obscur et ordinaire, celui qui n'avait ni les moyens extérieurs ni le moindre désir de fixer l'attention, et qui pourtant savait se l'attirer partout où il se trouvait ; celui qui n'allait au-devant de l'estime et de l'affection de personne, et qui pourtant se voyait entouré de l'estime et de l'affection de tous ceux qui le connaissaient ; celui qui ne cherchait point à faire prévaloir ses opinions

----

(*) M. Lucas-Laganne.

sur celles des autres, et qui, dans les discussions, voyait le plus souvent toutes les opinions se ranger à la sienne. Oh ! non, ce n'était point un homme ordinaire celui qui savait si bien revêtir une pensée grave de couleurs brillantes, dont la parole trouvait toujours un effet sans le chercher, et dont l'esprit savait jeter avec mesure l'enjouement dans les affaires et la sagesse dans l'enjouement. Nous ne voudrions rien dire de prétentieux en parlant d'un homme qui fut toujours simple et sans prétention, mais il nous semble qu'une pareille organisation rappelle un de ces êtres spirituels et mystérieux que dépeignent les vieux chroniqueurs, et dont la mission semble être de bannir l'ennui et faire entendre de sages conseils. Recueillons bien nos souvenirs, et nous restons convaincus, en effet, que l'organisation physique et morale de M. Aupetit-Durand était empreinte d'un cachet qui lui était propre et qui en faisait en quelque sorte un être à part.

Son éducation première fut simple, pieuse, substantielle ; elle dut fructifier dans son cerveau large et heureusement disposé. Sans doute il vécut avec les livres, mais il s'attacha plus au choix qu'au nombre, et c'était moins dans les livres que dans son propre fonds qu'il puisait les ressources de son esprit. Son éducation aurait été moins soignée, que, dans notre opinion, il aurait été encore un homme remarquable, étant de ces gens pour lesquels la nature a fait de grands frais, et qui devinent ce que les autres sont obligés d'apprendre. Les impressions d'enfance, les mœurs et l'esprit de famille s'étaient conservés en lui dans toute leur pureté originelle. Le mouvement des affaires et le frottement du monde n'avaient altéré ni ses premières croyances, ni ses goûts primitifs, et lorsque les vacances l'avaient ramené sous le toit paternel, qu'il revoyait toujours avec un nouveau charme, à peine devait-on croire qu'il eût resté éloigné de ce patriarcal asile, dont il n'avait jamais perdu ni le souvenir ni les modestes habitudes.

Après avoir fait ses études de droit avec succès, avec facilité surtout, car les principes du juste et de l'injuste étaient innés en lui, son respectable père, qui était alors membre de la chambre des députés, le fit entrer dans la magistrature. Il fit ses premières armes de magistrat à Cusset, en qualité de substitut. Là, on ne tarda pas à apprécier la droiture de sa conscience, la justesse de son esprit, les grâces piquantes de son caractère. En 1822, il fut nommé juge au tribunal de Clermont.

De ce moment, vous l'avez connu comme nous; aussi, en retraçant les principaux traits de caractère de cet homme de bien, nous voulons moins vous apprendre des choses que vous ignorez que reporter vos pensées sur un homme que nous aimions et que nous nous plaisons à faire revivre dans nos souvenirs.

Vous le savez donc : un sens intime et fin, qui dominait dans M. Aupetit, lui faisait facilement deviner toutes les malices de l'humanité, mais il lui en révélait aussi toutes les faiblesses. Les investigations pénétrantes de son esprit le conduisaient, avec sûreté, à la démonstration d'une faute incriminée et des motifs secrets qui l'avaient fait commettre. Dans ces motifs, qui tiennent le plus souvent à la fragilité de notre nature, il trouvait, avec bonheur, les considérations qui peuvent adoucir la répression en atténuant la criminalité. C'est par suite de ces heureuses dispositions d'esprit, que nous lui avons entendu dire quelquefois : « Messieurs, nous devons juger humainement les » choses humaines. »

Sa rare sagacité l'avait conduit à une connaissance approfondie du cœur humain. La vertu d'emprunt, la fausse bonhommie, le désintéressement de circonstance, se couvraient vainement de leurs plus séduisans dehors : son œil pénétrant les avait bientôt percés d'outre en outre. Un seul moment lui suffisait pour les juger et les juger bien, comme un seul mot lui suffisait pour les bien peindre. C'était avec une certitude presque toujours infaillible, qu'il mettait le doigt sur le ressort caché qui avait fait agir tel homme ou déterminé tel événement.

Nous venons de parler de connaissance du cœur humain, cette science si triste et si nécessaire, qui peut bien égayer parfois, mais qui le plus souvent afflige celui qui s'y livre. En faisant voir les hommes tels qu'ils sont et non tels qu'ils cherchent à paraître, elle nous conduit souvent à une sorte de disposition moqueuse ou atrabilaire, qui nous porte à persifler ou à haïr les hommes. De ces deux philosophes de l'antiquité, qui avaient fortement étudié la nature humaine, pour arriver à rire sans cesse sur ses travers, ou à pleurer sans relâche sur ses vices, aucun d'eux n'avait de l'amour et de l'indulgence pour elle, et l'on trouvait également de l'amertume et dans les rires de l'un et dans les larmes de l'autre. Cette science peut donc nous coûter le sacrifice de notre bonheur ou de notre bonté native. Si, à ces considérations générales, nous joignons celle que faisait naître l'organisation physique de M. Aupetit; si nous considérons que, sous ce rapport, la nature l'avait traité en marâtre cruelle; qu'elle avait, en quelque sorte, refusé l'air à sa poitrine brisée, et la locomotion à ses jambes débiles et souffrantes; que, privé des facilités du déplacement, il était privé aussi de l'exercice et des distractions qui sont les premiers besoins d'une existence physique et morale; que la sienne, avec ces tristes conditions, a dû rester solitaire, souffreteuse et péniblement repliée sur elle-même; alors, et par toutes ces raisons, on serait disposé à croire qu'une pareille existence était fortement imprégnée de mécontentement et de morosité, et que celui qui était condamné à en traîner le triste fardeau, devait juger avec une certaine aigreur et la nature dont il avait tant à se plaindre, et les hommes dont il connaissait les penchans sans pouvoir partager les plaisirs. Gardons-nous pourtant de rien croire de tout cela. L'existence de M. Aupetit présentait un phénomène moral qui a frappé tous ceux qui l'ont connu. Il l'avait acceptée, cette existence, avec résignation, telle qu'elle lui avait été faite, et il avait trouvé moyen de la rendre supportable, agréable même, en cédant à d'honnêtes penchans, en s'entourant d'estime, en bornant ses désirs, en se créant de modestes habitudes. Les jouissances purement matérielles lui étant à peu près interdites, il sut en trouver de plus douces peut-être dans les facultés de son esprit pénétrant et observateur. Con-

vaincu que notre nature est mêlée de bien et de mal,
il comprit que, pour son bonheur autant que par nécessité, il fallait jouir du bien, supporter et, autant
que possible, atténuer le mal. Il connaissait bien l'humanité, et, dans les jugemens qu'il en portait, peut-
être qu'il laissait percer un peu de désenchantement
et de scepticisme, mais la bienveillance et la philan-
tropie y dominaient toujours. *Il prenait tout doucement
les hommes comme ils sont*, et n'eut point pour eux
le brusque humorisme d'Alceste, mais bien plutôt
l'indulgente philosophie de Philinte, mêlée à une
forte teinte de charité chrétienne.

Nous tous qui avons eu tant de rapports divers avec
lui, nous pouvons dire s'il a jamais montré quelque
irritation ou même un simple mouvement d'humeur.
Les affaires ou les souffrances pouvaient accabler son
corps, elles n'aigrissaient point sa pensée. Son caractère restait serein, enjoué, toujours égal. Chez lui,
le magistrat était toujours confondu avec le philosophe
indulgent, et l'homme d'affaire n'était jamais séparé
de l'homme spirituellement aimable.

On conçoit quel riche tribut d'agrément et d'utilité
une pareille organisation devait apporter dans nos com-
muns travaux. Il savait même prêter quelque charme
aux aspérités du droit, et il avait appris comment on
peut humaniser jusqu'aux sauvageries de la procédure.
Quand un texte était trop sec et trop absolu, il le pé-
nétrait pour remonter à l'esprit de la loi, où doit toujours se trouver une pensée humaine et sociale; lors-
qu'un principe, vrai en lui-même, conduisait à des
conséquences trop rigoureuses, on le voyait s'arrêter

tout court, et reproduire, avec des formes variées, cette pensée que le droit ne peut pas être le rebours du sens commun, et que les règles de la justice ne peuvent pas conduire à l'injustice.

Dans ces discussions, comme on en voit tant, où les esprits s'échauffent, s'irritent et finissent souvent par s'égarer, il jetait, à l'improviste, un de ces mots pittoresques qui sont le propre d'une imagination rieuse et féconde; ce mot semblait d'abord ne devoir exciter que l'hilarité, et c'était en effet son premier et inévitable succès, mais il était pourtant l'éclair qui dissipe les ténèbres et fait briller la vérité aux yeux de tous.

Les heureuses dispositions de son caractère faisaient naître la sympathie autour de lui, et rechercher son commerce; elles jetaient sur sa conversation un vernis de bienveillance et de mansuétude plein de charme, sans que jamais elle cessât d'être originale et piquante. L'esprit assez tourné à l'enjouement et à la raillerie, il eut le privilége fort rare de n'offenser personne. Son trait, toujours brillant et bien affilé, agaçait l'esprit sans le blesser, et c'était avec un bonheur toujours sûr qu'il atteignait le but sans aller jusqu'au point où pouvait s'éveiller une susceptibilité. Enfin, M. Aupetit eut beaucoup d'esprit, un esprit piquant, et pourtant il n'eut pas un ennemi. Quel meilleur éloge pouvons-nous faire de son esprit et de son caractère ?

Nous avons dit qu'il avait une vie solitaire, mais il savait occuper et animer cette solitude. Tout devenait pour lui un sujet d'étude et d'observation. De sa fenêtre, aidé d'un seul instrument et de quelques cartes uranographiques, il avait appris les lois qui régissent le monde planétaire. En utilisant quelques promenades, hélas ! bien rares et surtout bien courtes, il avait recueilli assez d'insectes pour connaître les mœurs de ces petits animaux et l'enchaînement scientifique de leurs diverses familles. Dans leurs mœurs, il se plaisait, comme Lafontaine et l'esclave phrygien, à trouver des rapports avec les nôtres : innocentes malices, qui supposent la finesse d'esprit, et que nous savons bien ne pas exclure la bonté ! Vivant loin du monde et presque toujours avec les mêmes personnes, il jugea bien le monde et même les personnes qu'il ne connaissait pas, parce que son esprit sagace et logique, raisonnant par induction et allant du connu à l'inconnu, appréciait les choses qu'il ne voyait pas par celles qu'on lui laissait voir. Le cœur de chaque homme renferme, en effet, le principe de toutes les vertus et de tous les vices, seulement il y est développé à des degrés inégaux, selon le tempérament, l'éducation et la position sociale de chacun ; on conçoit donc que l'étude faite sur quelques hommes ou seulement sur soi-même peut vous conduire à une exacte connaissance des hommes en général et vous faire deviner avec certitude le mobile secret qui les a animés et les animera dans telle circonstance donnée. C'est ainsi que Labruyère peignit avec une grande justesse les caractères de la société, en ne se mêlant presque point à elle, et que Montaigne arriva à une admirable connaissance du cœur humain, en s'appliquant à l'étudier sur lui-même. Ainsi était M. Aupetit-Durand. Un salon restreint était pour lui un miroir où viennent se réfléchir en raccourci toutes les passions qui agitent l'univers; sa chambre était un observatoire d'où il voyait, par la pensée, les rouages, grands et petits, qui remuent les hautes et basses régions du monde moral; placé derrière la vitre de sa modeste demeure, il jugeait les mouvemens et les intrigues d'une grande ville aussi bien, et mieux peut-être, que ceux qui y prenaient une part active. Ce sentiment de sa perspicacité lui faisait dire plaisamment un jour : « Quel homme de police j'aurais fait, » si j'avais eu des jambes ! »

Est-il besoin de demander à quelle opinion politique appartenait un homme dont la pensée était toujours élevée et libre, l'esprit rigoureusement juste ? Il était de votre parti, quand votre parti était dans le vrai ; mais, par la nature de sa puissante organisation intellectuelle, il se détachait de vous à mesure que vous vous détachiez de ce qui est la raison et la justice. Si pourtant il fallait le classer dans un temps où, politiquement parlant, on classe tous les hommes, nous dirions qu'il sympathisait avec ce parti long-temps et improprement appelé *défectionnaire*, qui par la force de sa conscience et sans le vouloir, amena la révolution de 1830 : dénouement terrible ! qu'il aurait voulu prévenir, et qu'il accepta comme une nécessité.

Notre collègue fut effrayé d'abord, mais judicieux, sans engagemens et sans passions, il vit bien vite sur quel grand principe de légalité et de raison reposait le nouvel ordre de choses, et il s'y rallia, avec quelque regret peut-être, mais avec la résignation d'un homme qui voit se réaliser un système qu'il avait rêvé dans d'autres temps et avec d'autres acteurs. Il sut apprécier surtout la haute raison et les grandes vertus de celui auquel les événemens avaient remis les destinées de la France, et il fut rassuré quand il vit de quelle main ferme et intelligente il tenait les rênes de l'état. Autant que personne il avait compris son siècle, et il fallait voir avec quelles couleurs vives, originales, et quelque peu empreintes de causticité, il peignait et ceux qui ne veulent vivre que dans un passé qui n'est plus, et ceux qui veulent se précipiter dans un avenir qui ne peut pas être.

Maintenant, Messieurs, vous parlerons-nous d'une manière plus spéciale de M. Aupetit-Durand comme magistrat ? Mais quand nous vous avons rappelé sa sagacité, son esprit judicieux, son aptitude instinctive à dépister une faute et les motifs particuliers qui en aggravent ou en atténuent la criminalité, n'avons-nous pas suffisamment dit ce qu'il devait être comme juge ? Ponctuel dans l'accomplissement de ses devoirs, il réalisait un apologue ingénieux qu'il se plaisait à rappeler : *Rien ne sert de courir, il faut partir à point,* et, comme il marchait le moins vîte, en partant assez tôt, il arrivait le premier à nos rendez-vous de tous les jours. Désormais, celui de nous qui devance les autres dans la chambre de nos délibérations, éprouve un serrement de cœur en n'y trouvant point ce bon collègue, dont l'abord était toujours si plein d'aménité, dont le sourire avait je ne sais quoi de sympathique, et l'on repousse cette pensée que nos délibérations resteront veuves de celui qui savait si bien les égayer de ses saillies et les éclairer de ses lumières.... Hélas !

il n'est plus. Que du séjour des justes, où une vie toute de foi et de probité avait préparé sa place, il voie nos regrets, et que son ombre soit doucement émue, par la pensée qu'il a emporté l'estime et l'affection de nous tous!